AF590510

EDICT ET REGLEMENT DV ROY,

sur les abus qui se commettent és manufactures de Fil, de Lin, Chanure & Estouppes, & droicts que sa Majesté a ordonné estre payez par les achepteurs d'icelles.

Verifié en la Cour des Aydes à Paris, le xix. Decembre 1586.

A PARIS,

Par Federic Morel, Imprimeur ordinaire du Roy.

M. DCXX.

Auec Priuilege de sa Maiesté.

EDICT ET REGLEMENT

du Roy, sur les abus qui se commettent és manufactures de fil de Lin, Chanure & Estouppes, & droicts que sa Maiesté a ordonné estre payez par les achepteurs d'icelles.

HENRY par la grace de Dieu Roy de France & de Pologne, A tous presens & à venir, Salut. Nous auons depuis nostre aduenement à la Couronne, tousiours eu vn singulier soing de remettre nostre Royaume en son ancienne splendeur, tant pour le faict de la Iustice que des Finances, & restablir le traffic de negociation de toutes sortes de marchandises & denrees, que les longues guerres passees auroient grandement diminuez, comme l'vne des choses plus importantes pour l'aduancement & bien de nos subjects. Et combien qu'vne si saincte & loüable intention ayt esté en partie interrompuë par le renouuellement des presens troubles, Si est-ce que nō voulans laisser vne si necessaire reformation sans effect, mais l'aduancer & parfaire, autant que le temps nous peut permettre. Nous ayant entre autres choses esté remonstré que le plus grand traffic & commerce qui se traicte auiourd'huy en nostre Royaume, mesmes auec les estrangers, c'est celuy des Toiles, Doubliers, Coutils, Caneuats, Aulonnes, Bougrains, Treillis, & autres semblables ouurages de fil de Lin, Chanure & estouppes, esquels par la conniuence tant de nos Officiers, que pour l'auarice des ouuriers, Marchands, Courtiers & autres exerçans ledit traffic : a esté & sont ordinairement commis plusieurs abus & maluersations, tant en ce qu'ils les corrompent, desguisent, fardent, & restraignent leur largeur, mesmes en nostre pays & Duché d'Anjou & Normandie, où au lieu que suyuant nos Ordonnances, & que de tout temps la largeur du boujon souloit estre de trois quartiers & demy, vne mesurette & vn poulce aux Toiles, tant de Lin & Chanure que Doubliers, ne sont maintenant que de trois quartiers de largeur ſeulemt, & vne bonne partie, au lieu d'eſtre de fil pur & net, on y meſle en pluſieurs lieux, ptincipalement en la tixure d'autre fil different & pire que celuy qui a eſté employé en la cheſne. Choſes tteſ-expreſſément defendues par noſdites Ordonnances. Outre ce, on met ſur le chef & premier bout deux ou trois aulnes d'vne trame beaucoup plus fine que le reſte de la piece, ne faiſant les cheſnes deſdites Toiles que de vingt ou trente lets fils, où ils deuroient eſtre de quarante ou cinquante, & par apres pour les faire venir à leur largeur, les tirent & alongent ſur le meſtier, & par ce moyen les corrompent: & font qu'au blanchiſſage diminuent de beaucoup. Les Aulneurs & Courtiers fauoriſans les marchands, abuſent des aulnages, ne laiſſant d'expoſer en vente leſdites denrees, encores qu'ils les ſçachent n'eſtre de la bonté qu'elles doiuent eſtre, ains vitieuſes & non loyales & marchandes. Au moyen dequoy pluſieurs pauures marchands ſe trouuent deceuz & trompez: A tous leſquels abus & maluerſations eſtant beſoing pourueoir promptement,

De l'advis de noſtre Conſeil, où

estoient plusieurs Princes, Seigneurs, & autres notables personnages, estans prés de nous, Auons par cestuy nostre present Edict perpetuel & irreuocable, dict, statué & ordonné, disons, statuons & ordonnons, que d'oresnauant à commencer vn mois apres la publication de ces presentes, en chacunes de nos Cours souueraines, Bailliages, Seneschaussees, & autres nos sieges Royaux, au ressort desquels lesdites Toiles, Doubliers, Coutils, Caneuats, Bougrains, Treillis, Aulonnes & autres semblables ouurages de fil de Lin, Chanure & Estouppes se font, les mestiers sur lesquels se façonnent, seront remis & reformez en leur ancienne largeur, selon les reglemens & Ordonnances faictes par les Roys nos predecesseurs, verifiees en nos Cours de Parlement. Et que les Tisserans apres auoir ourdy lesdites Toiles & autres susdits ouurages, seront tenus les apporter à ceux qui par nous seront commis & deputez és lieux les plus proches & commodes pour veoir si ledit ourdis sera de la qualité requise. Er les trouuant telles, ils y apposent vn petit plomb & contremarque, telle qu'il sera aduisé, sans que pour ladite marque & visitation soit payé aucune chose.

Et apres que lesdites ouurages auront esté tissuës, & auant que de les rendre au proprietaire d'iceux, ou les exposer en vente, seront tenus les apporter deuers les Visiteurs & nos Commis susdits, pour veoir si elles seront marchandes & loyales, Et si elles sont trouuees telles, les scelleront à chacun des deux bouts desdites Toiles & autres ouurages, d'vn scel qui sera par nous ordonné, sans que pour ce lesdits Commis puissent prendre aucune chose. Ce que leur defendons tresexpressément sur peine de concussion. Leur enioignant au cas qu'ils trouuent aucunes fautes esdites marchandises, les apporter & representer en Iustice, pour estre procedé contre les Tisserans par confiscation de la marchandise, & amende arbitraire selon l'exigence du cas.

Ausquels Tisserands, enioignons declarer le nom, surnom & demeurance de ceux à qui lesdites Toiles appartiennent à nosdits Officiers, qui en feront registre pour y auoir recours quant besoin sera.

Ausquels nos Officiers, enioignons

de tenir la main chacun endroit ſoy, à ce que les ſuſdits regiſtres ſoient ſoigneuſement gardez; ſur peine de ſuſpenſion de leurs offices, & de faire à ces fins eſtroittement garder & obſeruer par les Tiſſerands les Ordonnances de leur meſtier.

Et à tous marchands conduiſans leſdites Toiles, Doubliers, Caneuats, Coutils, Aulonnes, Bougrains, Boucaſſins & autres ſemblables ouurages des pays bas de Flandres, Holande & Alemagne, Lorraine, Barrois & autres lieux en ceſtuy noſtre Royaume, auant les expoſer en vente, bailler par eſtat à nos Officiers eſtablis pour receuoir nos droicts cy apres declarez, la quantité, qualité & valeur de leurs denrees, pour en eſtre par noſdits Officiers faict regiſtre: auſſi bailleront pareil eſtat, contenant auec le nom, ſurnom & demeurance des achepteurs, ſans permettre que leſdites marchãdiſes ſortent de leur poſſeſſion, qu'au prealable ne leur ſoit apparu du payement de noſdits droicts cy apres declarez: Et au cas qu'ils y contreuiennent ou ne declarent à la verité le nombre & quantité deſdites marchandiſes & valeur d'icelles, ſelon la vente qu'ils en

auront

auront faicte. Les auons dés à present comme pour lors condamnez & condamnons à payer le double de nosdits droicts: Et en cinq cens escus d'amende qui seront leuez sur eux sans deport, ne que nos Iuges les puissent remettre ou moderer.

Ce que voulons aussi estre faict par les achepteurs desdites Toiles doublures, Caneuats, Coutils, Aulonnes, Bougrains & autres semblables ouurages manufacturees, en ou hors nostre Royaume, qui signeront & certifieront leursdits achapts veritables, sur peine de confiscation desdites marchandises.

Et pour euiter aux abus qui ont esté commis, & se commettent tous les iours aux aulnages & mesurages desdites Toiles & autres ouurages de fil de Lin & Chanure. Ordonnons qu'en tous lieux où il y marché, soient establis & par nous pourueuz des Aulneurs Iurez, si ja il n'y en a. Et à ceste fin les y auons creez & erigez pour aulner & mesurer lesdites Toiles, & en tenir registre à l'instar de ceux de nostre ville de Roüen: qui prendront pour tout salaire vn denier pour aulne de ce qu'ils aulneront.

Defendons à toutes perſonnes vendant & acheptant, aulner ny faire aulner leſdites Toiles & autres choſes ſuſdites, par autres que par ceux qui ſeront par nous pourueuz deſdits eſtats d'aulneurs, ſur peine de cent eſcus d'amende.

Enjoignons auſdits Aulneurs de tenir bon & fidel regiſtre de toutes les Toiles & autres choſes ſuſdites qu'ils auront aulnez, tant és marchez que hors iceux, contenant le nom, ſurnom & demourance, tant des vendeurs que achepteurs, le nombre des pieces qu'ils auront aulnees, & prix qu'ils les auront vendus, pour les communiquer & en bailler extraict à noſdits Officiers, toutesfois & quantes que par eux requis en ſeront, ſur peine de cinquante eſcus d'amende, & de priuation de leurs offices.

Et pour ce que de tout temps nous auons eu & auons encores plus de droict & d'occaſion de prendre & leuer douze deniers pour liure, de la valeur deſdites denrees que ſur la Draperie, ſur laquelle le faiſans leuer, attendu que ledit droict de la Drapperie eſt payé par nos ſubjects qui l'vſent & conſomment, & celuy deſdites Toiles, Caneuats, Coutils, Aulonnes, Doubliers, Bougrains & autres ſemblables ouurages de fil de Lin, & de Chanure, ſera par la plus part payé par les Eſtrangers qui les tranſportent pour les debiter hors noſtredit Royaume. Que les Princes nos voiſins en font payer d'auantage, & que la commodité que les marchands tireront de ce preſent noſtre Reglement leur apportera plus de profit & commodité que ledit droict ne peut importer.

Ordonnons que tous les achepteurs deſdites Toiles, Doubliers, Caneuats, Coutils, Aulonnes, Bougrains, & autres ſemblables ouurages de fil de Lin, & Chanure, en gros ou en detail, au deſſus de dix aulnes ſans fraude, ſoit qu'ils ayent eſté faicts en noſtre Royaume, ou hors iceluy, ſeront tenus de payer douze deniers pour liure, du prix de l'achapt deſdites marchandiſes par eux acheptees, lors qu'ils apporteront les eſtats de leurſdits achapts, à noſdits Commis qui leur en bailleront acquict, & marqueront leſdites Toiles de noſtre ſceau au bout d'icelles, à ce qu'ayant ainsi acquitté pour vne fois seulement, elles puissent estre par apres librement vendues & transportees où bon semblera ausdits marchands, sans plus payer aucune chose dudit droict de douze deniers pour liure, sur les peines cy apres declarees.

Defendant à toutes personnes de quelque qualité qu'ils soient, qui achepteront lesdites Toiles, Doubliers, Caneuats, Coutils, Aulonnes, Bougrains & autres ouurages, les enleuer ou transporter des maisons, boutiques, marchez ou autres lieux où les auront acheptez, qu'auparauant n'ayent baillé par estat ledit achapt, & pour les droicts cy dessus declarez, sur peine de confiscation desdites marchandises.

Tous marchands qui transporteront & feront transporter hors nostre Royaume, lesdites Toiles, & autres denrees de fil de Lin & Chanure, soit qu'elles ayent esté manufacturees dedans ou hors nostredit Royaume, seront tenus payer nosdits droicts, si ja faict n'a esté, tout ainsi que les achepteurs d'icelles eussent peu ou deu faire si elles eussent esté vendues en nostredit Royaume.

Et d'autant qu'il pourroit aduenir que nostredit Edict ne seroit executé en toutes les Prouinces de nostre obeyssance en mesme temps, & que pour nous frustrer de nosdits droicts, les marchands & autres ayans achepté & qui achepteront en cru ou blanc desdites denrees, sans auoir payé nosdits droicts, les pourroient enuoyer és Prouinces où nostredit Edict n'auroit lieu pour les vendre, & par ce moyen s'exempter du payement de nosdits droicts;

Ordonnons que tous ceux qui auront achepté ou achepteront desdites denrees en cru ou blanc, sans auoir payé nosdits droicts pour les transporter, soit hors nostredit Royaume ou dedans iceluy, és lieux où nostre present Edict n'aura esté estably, & que nosdits droicts ne se leueront: auant les pouuoir transporter ou enleuer des lieux où les auront acheptees, & faict blanchir, seront tenus de payer nosdits droicts, & faire marquer lesdites denrees.

Et pour euiter à tous abus qui pourroient estre commis par les marchands, &

autres qui vendent lesdites Toiles, & autres denrees en gros & detail, leur enjoignons & ordonnons que huict iours apres la publication de nostre present Edict, en chacun ressort de nos Bailliages, Seneschaussees, & Vicomtez, ayent à apporter à nos Officiers, l'estat au vray de toutes les Toiles qui sont en leur possession, pour en estre faict registre par eux, & apres les marquer, à fin que à mesure qu'ils les vendront, ledit droict soit payé. Leur defendant de permettre que l'on transporte lesdites Toiles qui auront esté vendues, sinon apres le payement desdits droicts, sur peine de le repeter sur eux, & de cinq cens escus d'amende.

Defendons à toutes personnes, marchands & autres, quels qu'ils soient, n'emballer, ou faire emballer, soit en coffres, ballots, tonneaux, balles ou autres, en quelque sorte & maniere que ce soit, lesdites Toiles, Doubliers, Caneuats, Coutils, Aulonnes, Bougrains, & autres semblables ouurages de fil de Lin & Chanure, pour les transporter par mer ou par terre, tant dehors que dedans nostre

Royaume, ſans appeller nos Commis lors qu'ils les feront emballer, enquaiſſer, ou empacqueter, à fin de voir & viſiter ſi nos droicts auront eſté payez, prendre le nombre des pieces & poix de chacune balle, ballot, quaiſſes & pacquets, les contremarquer & ſigner pour les pouuoir recognoiſtre, ſur peine de confiſcation deſdites marchandiſes, charettes, nauires, batteaux, & autres où elles ſe trouueront chargees, & d'amende arbitraire.

Et ſi pour fruſtrer noſdits droicts, & au preiudice de la preſente noſtre Ordonnance, aucun ſe diſpenſaſt de faire contrefaire les ſceaux, ſeings & marques que nos Officiers ordonneront pour eſtre apposez eſdites denrees, balles, ballots, coffres, tonneaux, où les oſter des vns pour les apposer és autres, seront punis corporellement comme faulſaires, & leurs biens à nous acquis & confiſquez.

Et au regard des marchandiſes ſuſdites, qui ſeront tranſportees ſoit en noſtre Royaume, où noſtre preſent Edict n'aura encores eſté eſtably ou hors iceluy, Voulons que les proprietaires d'icelles, ou ceux qui les conduiront ayent à prenctre de nos susdits Officiers, certification de la quantité de ce qu'ils chargeront, & icelle mettre és mains de ceux qui seront par nous establis és derniers lieux & places par où lesdites denrees seront transportees, sur les susdites peines de confiscation desdites denrees, & de punition corporelle de ceux qui les conduiront.

A ces fins permettons aux gardes qui seront par nous deputez pour l'execution de nostre present Edict, faire toutes recherches qui pour ce seront necessaires, & si besoin est faire ouuerture des coffres, balles, balots, pipes, tonneaux & autres choses où lesdites denrees pourront estre empacquetees pour voir s'il y aura fraude. A la charge que s'ils n'y en trouuent, de payer les fraiz, tant de ladite ouuerture & desbalage, que emballage d'icelle.

Et pour euiter que les marchands ne descouurent le trafficq & affaire les vns des autres, par le moyen du susdit registre, & coupper chemin à tous monopoles qui se pourroient commettre, Defendons tres-expressément à nos Officiers sur peine de cent escus d'amende, d'exhiber, communiquer ou bailler extraict desdites

ventes

ventes à qui que ce ſoit, ſinon à ceux qui auront faict leſdits achapts & ventes ſeulement.

N'entendons toutesfois comprendre en ce preſent noſtre Edict, ceux qui pour l'vſage de leur maiſon ſeulement & ſans fraude, feront faire deſdites Toiles, Doubliers & autres ouurages, leſquels ne payeront aucune choſe dudit droict, bien seront tenus repreſenter à nos Officiers leſdites pieces pour eſtre marquees, ainſi que dict eſt, à fin de faire regiſtre & euiter à tous abus, ſur peine de confiſcation & d'amende arbitraire, à l'encontre de ceux qui pour fruſtrer noſdits droicts, y commettront aucun abus.

Enjoignons à tous ceux qui vendront leſdites Toiles, & autres ouurages cy deſſus ſpecifiez en detail, laiſſer touſiours l'vn des bouts où elles auront eſté marquees par nos Officiers, à ce qu'on puiſſe voir ſ'ils ont payé nos droicts, & que ſouz ce pretexte ne ſoit commis fraude au preiudice de noſdits droicts, ſur peine de confiſcation deſdites denrees.

Nos Baillifs, Seneſchaux, leurs Lieutenans, & autres nos Iuges, auront la cõgnoiſſance en premiere inſtance, de tous les abus qui ſe pourront commettre au preiudice de noſtre preſent Edict & Reglement, priuatiuement à tous autres Iuges de nos ſubjects. Et par appel en noſtre Conſeil Priué, Defendons tres-expreſſément à tous nos ſubjects, les empeſcher en l'execution de ce preſent Edict, & ce qui en dependra, ſur peine de tous deſpens, dommages & intereſts, & autres plus grands ſ'il y eſchet.

Declarons toutes les amandes, eſquelles les contreuenans à ce preſent noſtre Edict & Reglement ſeront condamnez à nous acquiſes, ſans qu'aucun de nos ſubjects y puiſſent aucune choſe pretendre.

Si donnons en mandement à nos amez & feaux les gens de nos Cours des Aydes, & à tous autres Iuſticiers, & Officiers qu'il appartiendra, que ceſtuy noſtre Edict, ils facent publier & enregiſtrer, & le contenu en iceluy, garder & obſeruer ſans ſouffrir y eſtre contreuenu en aucune maniere: Car tel eſt noſtre plaifir. Et à fin que ce soit chose ferme & stable à tousiours, Nous auons faict mettre nostre scel à cesdites presentes, sauf en autres choses nostre droict & l'autruy en toutes.

Donné à Paris au mois de Ianuier, l'an de grace, mil cinq cens quatre vingts six. Et de nostre regne le douziesme.

Signé, HENRY.

Et plus bas, Par le Roy, estant en son Conseil, BRVLART.

Et scellé sur lacqs de de soye du grand scel, en cire verte, & à costé est escrit,

Leu, publié & registré par le commandement du Roy, ce requerant son Procureur general en la Cour des Aydes, le dix-neufiesme Decembre, mil cinq cens quatre vingts six.

Signé, PONCET.

DECLARATION ET Reglement du Roy, ſur les abus qui ſe commettent és manufactures de fil de Lin, Chanure & Eſtouppes, & droicts que ſa Majeſté a ordonné eſtre payez par les achepteurs d'icelles.

HENRY par la grace de Dieu Roy de France & de Nauarre, A tous ceux qui ces preſentes lettres verront, Salut. Comme nos predeceſſeurs Roys ayans faicts pluſieurs belles Ordonnances pour empeſcher les abus qui ſe commettent ſoubs le pretexte du trafficq & commerce des Toiles, Doubliers, Coutils, Caneuats, Aulonnes, Bougrains, Treillis & autres ſemblables ouurages de fil de Lin, Chanure & Eſtouppes qui ſe tranſportent hors nostre Royaume, lesquelles par la conniuence de nos Officiers sont infructueuses, & laissent par ce moyen transporter tout l'or & l'argent, & plusieurs autres marchandises prohibees & defendues par nos Ordonnances, à ceux qui font ledit trafficq & commerce, d'autant qu'ils les font emballer & empacqueter dans leursdites Toiles qu'ils enuoyent hors nostredit Royaume, chose qui leur est fort facile à faire à cause que toutes lesdites marchandises de Toiles ne nous payent plus rien de l'imposition de douze deniers pour liure, qui souloient estre payez suyuant qu'il est porté par l'Edict du mois de Ianuier, mil cinq cens quatre vingts & six, faict par le feu Roy nostre tres-honoré Sieur & Frere, que Dieu absolue, & depuis reuocqué auec plusieurs autres au mois de May mil cinq cens quatre vingts & huict. De sorte que ne faisant plus payer lesdits douze deniers pour liure, on donne le moyen à ceux qui font ledit trafficq de faire transporter auec leursdites Toiles tout l'or & l'argent, & autres marchandises hors cestuy nostre Royaume, qui est le seul subjet de nous l'auoir rendu si cher comme il est. Pour à quoy remedier, nous auroit esté remonstré que nous auons autant & plus de subiect & occasion de prendre & leuer ladite imposition desdits douze deniers pour liure sur lesdites marchandises de Toiles qui se transportent hors nostredit Royaume, qui sont vsees & consommees par les Estrangers, que sur la Draperie que nos subiects vsent & consomment. D'auantage, que ce ne sera pas la sixiesme partie des impositions que les Princes estrangers nos voisins prennent sur nous des marchandises qu'ils permettent nous estre apportees, & qu'en ce faisant nous empescherons les susdits abus. Ce que ayant faict mettre en deliberation en nostre Conseil, & trouué qu'il est tres-vtile & necessaire pour nostre seruice & le bien de nos subiects, remettre & restablir ladite imposition desdits douze deniers pour liure sur toutes lesdites marchandises de Toiles sortans hors nostre Royaume seulement : Nous de l'aduis de nostre Conseil, & de nostre certaine science, pleine puissance & authorité Royale, Auons dict & declaré, disons & declarons par ces presentes, nostre vouloir & intention estre, que suyuant & conformément à l'Edict du mois de Ianuier, mil cinq cens quatre vingts & six: Et nonobstant la reuocation d'iceluy que nous auons leuee & ostee, leuons & ostons par ces presentes, que l'imposition desdits douze deniers pour liure, se leuera & prendra d'oresnauant & à l'aduenir sur toutes lesdites marchandises de Toiles, Doubliers, Coutils, Caneuats, Aulonnes, Bougrains, Treillis & autres semblables ouurages de fil de Lin, Chanure & Estouppes, qui sont transportees hors nostredit Royaume seulement, & non sur celles qui ne le seront pas, combien que par ledit Edict il est expressément porté que toutes lesdites marchandises, encores qu'elles ne fussent transportees hors nostre Royaume, payerõt. Ce que nous ne voulons ny entẽdons estre faict, à fin que tous nosdits subiects puissent faire leurdit trafficq & commerce librement les vns auec les autres dans nostredit Royaume, de laquelle imposition desdits douze deniers pour liure, nous les en auons exemptez & deschargez, exemptons & deschargeons en tant que besoing est ou seroit par cesdites presentes, fors & exceptez ceux qui feront transporter lesdites marchandises hors nostredit Royaume, que ne voulons estre francs ne exempts, d'autant qu'ils transporteront & vendront lesdites marchandises de Toiles hors nostredit Royaume, aux Estrangers qui les vseront & consommeront, lesquels ne doiuent pas estre plus exempts de payer lesdits douze deniers pour liure sur lesdites Toiles, que nosdits subiects qui les payent sur la Draperie. Et à fin d'empescher, comme dict est, les dessusdits abus, & faire que ledit or & argent & autres marchandises, ne se transportent plus à l'aduenir auec lesdites Toiles, Nous voulons & ordonnons qu'il sera choisi vne maison & lieu propre pour seruir de Doüanne & Bureaux aux lieux & endroicts où lesdites marchandises

de

de Toiles sont menees & conduittes ordinairement pour les faire sortir hors nostredit Royaume, pour y estre icelles portees à peine de confiscation, & y estre veües, visitees, venduës, aulnees, rempacquetees, & remballees en la presence des Gardes desdits Bureaux, Controolleurs & Receueurs desdits douze deniers pour liure, qui pour ce seront establis à l'instar de ceux de nostre bonne ville de Paris & Lyon, & autres lieux, à fin qu'ils puissent sçauoir la quantité, qualité & valeur desdites marchandises, & qu'ils voyent dans lesdites balles & balots, si on y mettra quelques marchandises defendues par nos Ordonnances, & specialement ledit or & argent, lesquels Gardes respondront desdites marchandises, tout & ainsi & en la mesme forme & maniere que font aussi les Gardes desdites Doüannes & Hales aux Cuirs, Toiles, Draps de nostredite bonne ville de Paris, Lyon & autres lieux. Ausquels Gardes est enioinct de faire bon & fidele registre, & enregistrer les marchandises en la presence des marchands à qui elles appartiendront, desquelles ils se chargeront pour les bien & fidelement garder iusques à ce que lesdits marchands les vueillent faire transporter hors nostredit Royaume. Et defendons à eux de les laisser sortir desdits Bureaux & Halles, que ce ne soit pour les charger dans les batteaux & nauires, chariots & charettes & sur les cheuaux, que prealablement ils n'ayent payé & acquitté lesdits droicts de douze deniers pour liure, de la vente qui en aura esté faicte, soit ausdits Bureaux, Halles & autres lieux, selon & en la mesme forme qu'il est plus au long porté par ledit Edict du mois de Ianuier, mil cinq cens quatre vingts & six.

Si donnons en mandement à nos amez & feaux les gens de nos Cours des Aydes de Paris & Roüen, & à tous nos autres Iusticiers & Officiers, & à chacun d'eux si comme à luy appartiendra, que nos presentes Declaration, vouloir & intention ils façent publier, enregistrer, & le contenu en icelle garder & obseruer, sans souffrir y estre conpreuenu en aucune sorte & maniere que ce soit : Car tel est nostre plaisir. Nonobstant quelsconques Ordõnances, Mandements, Defenses & Lettres à ce contraires. En tesmoing de ce nous auons faict mettre à cesdites presentes nostre scel.

Donné à Chambery, le dernier iour d'Octobre, l'an de grace mil six cens. Et de nostre regne le douziesme.

Signé sur le reply, Par le Roy,

DE NEVF-VILLE.

Et scellé du grand sceau de cire iaulne, Et à costé, est escrit,

Leües, publiees & registrees pour auoir lieu, suyuant la volonté du Roy, & aux charges y contenuës suyuant l'Arrest de la Cou des Aydes, du vingt-huictiesme iour de Mars, l'an mil six cens & vn.

Signé, BERNARD.

Extraict des Registres de la Cour des Aydes.

VEV par la Cour les Lettres patentes du Roy donnees à Chambery, le dernier iour d'Octobre mil six cens, dernier, Signees sur le reply Par le Roy, De Neuf-ville. Et scellees sur double queüe du grand sceau de cire iaulne. Par lesquelles sa Majesté pour les causes & considerations y contenues, de l'aduis de son Conseil & de ses certaine science, pleine puissance & auctorité Royale, Dict & declare son vouloir & intention estre, que suyuant & conformément à l'Edict du mois de Ianuier, mil cinq cens quatre vingts & six. Et nonobstant la reuocation d'iceluy, que sadite Majesté a leuee & ostee par lesdites Lettres, que l'imposition de douze deniers pour liure se prendra & leuera d'oresnauant & à l'aduenir sur toutes les marchandises de Toiles, Doubliers; Coutils, Caneuats, Aulonnes, Bougrains, Treillis & autres semblables ouurages de fil de Lin, Chanure & Estouppes, qui sont transportees hors de ſon Royaume ſeulement, ainſi que plus au long le contiennent leſdites Lettres. Les concluſions du Procureur general du Roy, auquel elles auroient eſté communiquees, & tout conſideré, La Cour a ordonné & ordonne que leſdites Lettres ſeront leües, publiees & regiſtrees au Greffe d'icelle, pour auoir lieu ſuyuant la volonté de ſadite Majeſté, & aux charges y contenues. Prononcé le vingt & vniesme iour de Mars, mil ſix cens & vn.

Signé, BERNARD.

Collationné à l'original, par moy Conſeiller, Notaire & Secretaire du Roy.

www.ingramcontent.com/pod-product-compliance
Ingram Content Group UK Ltd.
Pitfield, Milton Keynes, MK11 3LW, UK
UKHW022147260726
13993UKWH00005B/2201

9 782329 332673